PREGUNTÓMETRO

AF890044

animales

LAROUSSE

Dirección editorial: Jordi Induráin Pons
Edición: Emili López Tossas
Redacción: Roser Ruiz Lagunas
Ilustración: Jorge del Corral Escriche,
Judit Frigola Fontacaba y Bruno Martínez Tabares
Corrección: Àngels Olivera Cabezón
Diseño y maquetación: Isaac Gimeno

Bac de Roda, 64, 1.ª planta, local B, 08019 Barcelona
www.larousse.es
clientes@grupoanaya.com

PAPEL DE FIBRA CERTIFICADA

Primera edición: mayo 2024
ISBN: 978-84-10124-34-9
Depósito legal: B-4954-2024
1E1I

01

Hay animales tan pequeños que ***no se ven*** a simple vista. ¿Verdadero o falso?

02

¿***Llevamos animales*** en las manos?

A Sí, ***algunos.***

B No, no ***caben.***

C No, morirían con el ***calor*** de las manos.

01

Es ***verdadero.***
Hay organismos tan pequeños que solo se pueden ver usando el microscopio, como hacen los científicos para estudiarlos. Por eso se dice que son ***microscópicos.***

02

Respuesta correcta: ***A.***
Según los científicos, en un centímetro cuadrado de una mano limpia puede haber hasta ***150 000 microorganismos,*** entre ellos algunos animales, como los ácaros del polvo.

03

Aunque es muy pequeña, la ***hormiga*** es un animal muy fuerte que puede levantar un peso 60 veces mayor que el suyo. ¿Verdadero o falso?

04

¿Por qué las cucarachas siempre mueren ***panza arriba***?

A Porque pierden el ***equilibrio.***

B No es cierto, a veces mueren ***boca abajo.***

C Las cucarachas no mueren, los ***insecticidas*** no sirven contra ellas.

03

Es ***verdadero.***
Una hormiga roja pesa entre 7 y 10 gramos y ***es capaz de mover*** entre 240 y 600 gramos. Pero lo habitual es que los pesos grandes los muevan en equipo.

04

Respuesta correcta: ***A.***
Cuando una cucaracha está a punto de morir, se contraen sus patas y pierde el equilibrio. Como ***su cuerpo pesa más*** que sus patas, cae de lado y acaba panza arriba.

05

¿Qué animal se gastaría más dinero en **zapatos**? ¿El zapatero o el ciempiés?

06

Los ***mosquitos*** son peligrosos porque...

A No dejan ***dormir.***

B Al picar transmiten ***enfermedades.***

C Al querer matarlos nos damos ***bofetadas.***

05

¡El ***ciempiés!*** Algunos pueden llegar a tener casi 500 patas, mientras que el zapatero es un insecto y tiene seis. Como no es fácil ponerlas todas en marcha, cuando se siente en peligro se enrosca para protegerse de los depredadores.

06

Respuesta correcta: ***B.***
Los mosquitos causan muchas ***enfermedades.*** De hecho, son los animales que producen más muertes: los que transmiten la malaria pueden provocar 600 000 muertes al año.

07

Las arañas son ***insectos.*** ¿Verdadero o falso?

08

¿El ***zapatero*** puede caminar sobre el agua sin hundirse?

A No, es ***imposible*** que flote.

B Sí, gracias a sus ***pies*** en forma de barca.

C Sí, gracias a sus ***pelos*** impermeables.

07

Es ***falso.***
Se parecen un poco, pero los insectos tienen seis ***patas*** y las arañas, ocho. ¡La única relación que tienen con ellos es que les encanta comérselos!

08

Respuesta correcta: ***C.***
Estos pequeños animales, de unos 2 cm de longitud, no se hunden en el agua porque tienen las patas cubiertas de ***pelos impermeables.*** ¡Así se deslizan como si patinaran!

El ***colibrí*** es una especie de culebra más pequeña. ¿Verdadero o falso?

09

10

¿Qué utiliza el escarabajo pelotero para hacer las ***bolas*** que empuja?

A ***Barro.***

B ***Caca.***

C ***Chocolate.***

09

Es ***falso.***
El colibrí es el ***pájaro*** más pequeño del mundo. Algunas especies miden solo 6 cm, el tamaño de un abejorro; por eso también se llama pájaro mosca.

10

Respuesta correcta: ***B.***
La hembra del escarabajo pelotero hace una bola de ***estiércol*** para poner los huevos dentro. La bola no solo es la cuna de la larva, sino que también es su alimento.

11

¿Los mosquitos tienen ***huesos***?

12

Las ***lombrices*** son beneficiosas porque...

A Con ellas se puede ***pescar.***

B No son beneficiosas, solo dan ***asco.***

C Al agujerear la ***tierra,*** la airean y ablandan.

11 ¡No! No tienen columna vertebral ni esqueleto interno. Sus órganos están protegidos por un ***esqueleto externo*** formado por una sustancia muy resistente y flexible que no deja pasar el agua.

12 Respuesta correcta: ***C.***
Su efecto es tan ***beneficioso*** para las plantas que los jardineros y agricultores piensan que les hacen parte del trabajo.

13

Llevo ***mi casa*** a cuestas, solo tengo una pata y voy dejando mi huella con un hilo de plata. ¿Quién soy?

14

¿Cómo fabrican la ***miel*** las abejas?

A A partir de su ***sudor.***

B A partir de la savia de las ***plantas.***

C A partir del polen de las ***flores.***

13 El ***caracol.*** Tiene concha y un solo pie, que arrastra por el suelo. Para desplazarse se desliza gracias a una sustancia mucosa que deja un rastro plateado.

14 Respuesta correcta: ***C.***
Van volando de flor en flor y sorben el ***polen*** de las flores para llevarlo a la colmena. Allí, convierten el polen en miel y la guardan en unas celdas del panal.

15

¿Cómo es que el ***camaleón*** no se atraganta con su lengua?

A La guarda en un ***bolsillito*** especial que tiene en la mejilla.

B La dobla y la ***contrae*** al meterla en la boca.

C Sí que se ***atraganta,*** por eso tose siempre.

16

En el mar hay ***bancos.*** ¿Verdadero o falso?

15 Respuesta correcta: ***B.***
Dentro de la boca del camaleón, la ***lengua*** está doblada y contraída. Al sacarla para capturar a sus presas, la estira y la catapulta a 20 km/h.

16 Es ***verdadero.***
Los ***peces pequeños*** se juntan formando bancos para defenderse de sus depredadores, ya que nadando juntos parecen un solo animal muy grande.

17

¿Qué es una ***lapa***?

A Un ***molusco*** que normalmente vive pegado a las rocas.

B Un animal ***insistente*** e inoportuno.

C Una ***madera*** noble de Sudamérica.

18

Existen unos ***ciervos*** que pueden volar. ¿Verdadero o falso?

17 Respuesta correcta: ***A.***
Normalmente viven adheridas a las rocas, pero si tienen que ***buscar alimentos,*** su fuerte pie se separa un poco y reptan lentamente.

18 Es ***verdadero.***
Existen unos escarabajos llamados ***ciervos volantes.*** Sus mandíbulas parecen cuernos de ciervos, y los machos las utilizan para luchar entre ellos y así atraer a las hembras.

19 Las lagartijas se ponen ***al sol*** porque...

A Necesitan su calor para regular su ***temperatura.***

B Les gusta estar ***morenas.***

C Encuentran más ***insectos*** para comer.

20

Los insectos tienen ***pupa.*** ¿Verdadero o falso?

19 Respuesta correcta: ***A.***
Son animales de ***sangre fría*** y su cuerpo es incapaz de generar calor, así que siempre dependen de la temperatura ambiental.

20 Es ***verdadero.***
Todos los insectos nacen de un huevo. Luego se transforman en orugas o larvas, y después forman una ***envoltura*** llamada pupa o crisálida, donde acaban de convertirse en adultos.

21

La ballena ***se alimenta*** de grandes peces. ¿Verdadero o falso?

22

El avestruz ***esconde*** la cabeza bajo tierra porque...

A Se siente ***amenazado*** por algún peligro.

B No quiere salir en las ***fotos.***

C No la esconde, busca ***gusanos*** para comer.

21 Es ***falso.***
Aunque la ballena es el animal ***más grande*** que existe, se alimenta únicamente de krill: miles y miles de gambas minúsculas.

22 Respuesta correcta: ***A.***
El avestruz es el ave más grande de la Tierra y puede correr mucho, pero a veces ***tiene miedo*** y decide esconderse de esta curiosa forma.

23

¿El ***reptil*** más grande del mundo puede medir tanto como un autobús?

A ¡No puede ser! Debe tratarse de una ***broma.***

B Pues sí, hay un reptil que llega a ***medir*** esta distancia.

24

El león, el rey de la selva, es el ***felino*** más grande que existe. ¿Verdadero o falso?

23 Respuesta correcta: ***B.***
Se trata del ***cocodrilo marino,*** que puede pesar más de 1000 kilos y medir unos 10 metros de largo. ¡Como para llevárselo de excursión!

24 Es ***falso.***
El más grande es el ***tigre:*** este voraz depredador llega a medir hasta 3 metros y puede pesar unos 300 kilogramos, ¡casi como 4 personas!

25

¿Qué animal es el que ***muerde*** con más fuerza?

A El perro de la raza ***rottweiler.***

B El ***cocodrilo.***

C El ***tiburón.***

26

«Camello» y «dromedario» son distintos nombres del ***mismo animal.*** ¿Verdadero o falso?

25 Respuesta correcta: ***B.***
La mordida del ***cocodrilo*** ¡es 4 veces más fuerte que la del tiburón! Además, cuando se come a sus presas, parece que llore. ¡Será sinvergüenza!

26 Es ***falso.***
El camello y el dromedario son ***dos animales*** distintos: el camello tiene una joroba y el dromedario dos.

27

Soy un espadachín marino,
pero nunca fui un pirata;
por narices esgrimo fino,
pero llevarla ahí es una lata.
¿***Quién soy***?

28

En la ***selva amazónica*** hay tigres. ¿Verdadero o falso?

27 El ***pez espada.*** Cuando los peces espada salen del huevo ya tienen la espada desarrollada, pero rodeada de un tejido blando que la protege hasta que ya es dura y fuerte.

28 Es ***falso.***
La selva amazónica está en América, y el tigre solo se encuentra en el ***continente asiático.*** Suele vivir en la selva, pero también puede habitar en zonas abiertas.

29

Los lobos solo aúllan cuando hay ***luna llena.*** ¿Verdadero o falso?

30

Las morsas usan sus ***colmillos*** para:

A Clavarlos en el hielo y poder ***arrastrarse.***

B ***Cazar*** peces con ellos.

C ***Arar*** el fondo marino, y plantar algas en él.

29 Es ***falso.***
Los ***lobos aúllan*** para anunciar su presencia, para desafiar a otro lobo o para celebrar el nacimiento de los lobeznos. Puede coincidir con la luna llena, pero no aúllan por ese motivo.

30 Respuesta correcta: ***A.***
Cuando están sobre el hielo, las morsas usan los colmillos como crampones para ***desplazarse.*** Bajo el agua, los utilizan como ***rastrillos*** para sacar crustáceos del fondo marino.

31

Tengo el cuerpo manchado y el ***cuello muy largo,*** así alcanzo las hojas que están en lo alto. ¿Quién soy?

32

¿El oso ***panda*** está en peligro de extinción?

A No, con los de los ***zoos*** esta especie tiene el futuro asegurado.

B Sí, porque su ***hábitat*** es cada vez más reducido.

C Sí, porque hay mucha ***caza*** furtiva.

31 La ***jirafa.*** Con su cuello de 2,5 metros es el animal más alto del mundo. Por eso puede llegar a las hojas más tiernas de los árboles de la sabana.

32 Respuesta correcta: ***B.***
No quedan más de 2000 ejemplares de panda en su medio natural. Esto se debe a la desaparición del ***bambú,*** su alimento preferido, porque los humanos convertimos los bosques de bambú en tierras de cultivo.

33 ¿El elefante tiene ***buena memoria***?

A Depende, si no ***se fija bien*** en las cosas, luego no las recuerda.

B Sí, por eso existe la ***expresión*** «tener memoria de elefante».

C No, de hecho son animales un poco ***despistados.***

34 El ***huevo*** más grande del mundo lo pone el avestruz. ¿Verdadero o falso?

33 Respuesta correcta: ***B.***
Estos animales pueden ***recordar*** el olor y el sonido de los miembros de su grupo y son capaces de reconocerlos aunque hayan estado separados mucho tiempo.

34 Es ***verdadero.***
Los huevos del avestruz pueden llegar a pesar ***un kilo,*** el equivalente a 30 huevos de gallina. ¡Menuda tortilla!

35

El tiburón más grande del mundo es ***el que más muerde*** de todos. ¿Verdadero o falso?

36

¿Todas las ballenas ***cantan***?

A Solo ***algunas especies*** pueden cantar.

B No cantan, ***no son pajaritos*** posados en una rama.

C «Cantan» todas las que no se ponen ***desodorante.***

35 Es ***falso.***
El más grande es el ***tiburón ballena,*** que mide hasta 14 metros. Pero no es peligroso porque... ¡ni siquiera tiene dientes!

36 Respuesta correcta: ***A.***
Todas las ballenas utilizan sonidos para comunicarse, pero algunas especies, como la yubarta, emiten una serie de ***sonidos melódicos*** y no repetitivos que suelen denominarse «canto».

37

Los pingüinos ***huyen*** de los osos polares porque...

A No quieren acabar en su ***barriga.***

B No huyen, los osos polares son ***herbívoros.***

C No huyen, porque viven en ***sitios distintos.***

38

Los canguros nunca ***retroceden.*** ¿Verdadero o falso?

37 Respuesta correcta: ***C.***
No, pero no porque a los osos no les gustara comérselos, sino porque no pueden hacerlo, ya que los pingüinos ***viven en el Polo Sur*** y los osos polares, en el Polo Norte.

38 Es ***verdadero.***
Con sus ***poderosos saltos,*** los canguros parecen animales fuertes y valientes. Quizás lo sean, pero nunca retroceden porque son de los pocos animales que no pueden caminar hacia atrás.

El cachalote es la ***cría*** de la ballena. ¿Verdadero o falso?

39

40

Mi presencia asusta a bañistas y pescadores, tengo ***muchos dientes*** y de mí cuentan horrores. ¿Quién soy?

39 Es ***falso.***
El cachalote es un tipo de ***ballena*** con una gran cabeza rectangular. Tiene dientes y se alimenta de peces y moluscos. Es el mamífero marino que nada a mayor profundidad.

40 El ***tiburón.*** Este gran depredador tiene tres filas de dientes que le facilitan capturar a sus presas. Su aleta dorsal en la superficie del mar es una buena señal de que ha llegado la hora de salir pitando.

41

¿Por qué algunos animales parecen tan ***extraños***?

A Cada especie tiene los rasgos más adecuados de acuerdo con su ***evolución.***

B Lo hacen para llamar la ***atención*** de los zoólogos.

C Así la ***naturaleza*** es más variada y diversa.

42

El pelo de algunos animales ***cambia*** de color según la estación. ¿Verdadero o falso?

41 Respuesta correcta: ***A.***
El aspecto de los animales es variadísimo. Esto se debe a que cada uno tiene su propio hábitat y unas necesidades distintas, y tras ***milenios de evolución*** cada especie ha adoptado los rasgos más ventajosos, aunque algunos nos parezcan raros.

42 Es ***verdadero.***
Por ejemplo, en verano, el armiño tiene el pelaje rojizo, pero al llegar el invierno se vuelve blanco para poder ***camuflarse*** entre la nieve y no ser visto por sus depredadores.

43

Los flamencos son de ***color rosa*** porque...

A Con el ***sol*** les cambia el color, aunque cuando nacen son paliduchos.

B Cambian de color debido a su ***dieta,*** a pesar de haber nacido blancos.

C De ***mayores*** son más presumidos y se pasan al rosa.

44

Los ***cangrejos ermitaños*** se mudan de casa. ¿Verdadero o falso?

43 Respuesta correcta: ***B.***
Cuando nacen, los flamencos tienen las plumas blancas, pero a medida que crecen se vuelven rosados porque ***se alimentan*** de unos crustáceos que tienen este pigmento.

44 Es ***verdadero.***
Los cangrejos ermitaños viven en caracolas para proteger su abdomen, que está poco desarrollado y es blandito. Pero ***según van creciendo,*** tienen que cambiar de casa para tener más espacio.

45 Los patos deben evitar que ***sus plumas*** se mojen al nadar, porque si se empapan podrían hundirse. ¿Verdadero o falso?

46 ¿Los ***osos polares*** son blancos del todo?

A Sí, ***claro.***

B No, debajo del pelo la ***piel*** no es blanca.

45 Es ***falso.***
Los patos tienen las plumas impregnadas de una sustancia grasa que forma una capa ***impermeable*** que repele el agua. ¡Pueden chapotear cuanto quieran sin mojarse!

46 Respuesta correcta: ***B.***
Su pelo es totalmente blanco, pero la piel que hay debajo es de color ***marrón oscuro.*** Como el pelo es muy espeso y abundante, solo vemos el color blanco.

Los buitres ***son calvos...***

47

A Para ***camuflarse*** mejor con el entorno.

B Para no ensuciarse mientras ***comen.***

C No son todos calvos, solo los que ya son ***viejos.***

48

La serpiente de cascabel usa el sonido que produce su cola para ***atraer a las presas.*** ¿Verdadero o falso?

47 Respuesta correcta: ***B.***
Son calvos porque así ***no se ensucian*** al comer. Como se alimentan de animales muertos, a veces tienen que meter la cabeza en el vientre de la presa que otros depredadores han abandonado. ¡Así siguen bien limpios al terminar su comida!

48 Es ***falso.***
La serpiente hace sonar su cola para advertir a los demás de su presencia y evitar que la molesten. De hecho, el sonido es una ***estrategia de defensa:*** si la serpiente se ve en peligro, agita el cascabel para que la amenaza huya.

49

Los picos de las aves tienen ***formas distintas*** según lo que comen. ¿Verdadero o falso?

50

La cebra tiene ***rayas*** para...

A Engañar a los ***leones.***

B Enseñar a los humanos cómo debe ser un ***paso cebra.***

C Que no las confundan con un ***burro.***

49 Es ***verdadero.***
Si aspiran el néctar de las flores, es ***largo y fino;*** si filtran fango para encontrar pequeños animales, es ***plano;*** si comen insectos, es ***pequeño;*** si comen frutos, es ***largo,*** y si comen carne, tiene forma de ***gancho.***

50 Respuesta correcta: ***A.***
El dibujo de sus rayas, cuando están todas juntas, moviéndose en grupo, las ayuda a ***confundir a los leones,*** que no acaban de ver a la presa con claridad.

51 La mamá canguro ***lleva a su cría*** en la bolsa durante siete meses. ¿Verdadero o falso?

52 Volando en el aire y besando las flores se pasa su vida de luz y ***colores.*** ¿Quién es?

51 Es ***verdadero.***
Los canguros nacen ***ciegos y sordos,*** y son diminutos, por eso deben pasar siete meses en la bolsa de su madre. Durante este tiempo maman y se hacen fuertes.

52 La ***mariposa.*** En realidad, las alas de la mariposa son transparentes, pero sobre ellas tienen unas escamas de colores que forman llamativos dibujos. Gracias a eso pueden impresionar a los depredadores y escapar.

El lenguado es tan ***plano*** porque...

A Vive en el fondo del mar, escondido en la ***arena.***

B Así queda mejor en los ***platos.***

C Así huye mejor de los ***depredadores.***

53

Las navajas son ***alargadas*** porque así cortan mejor las algas. ¿Verdadero o falso?

54

53

Respuesta correcta: ***A.***
La forma del lenguado le permite esconderse en la arena y así ***pasar desapercibido.*** Así ningún pez puede molestarlo... ¡ni comérselo!

54

Es ***falso.***
Las navajas tienen esta forma para hacer ***agujeros*** en la arena del fondo del mar, donde se alimentan de plancton, filtrando el agua. Su nombre se debe a que se parecen a un tipo de cuchillo: la navaja.

55

¿Qué pez tiene ***luz*** propia?

A El ***rape.*** Tiene una carne tan blanca que parece que tenga luz.

B La ***perca sol.*** Su nombre hace referencia a nuestra estrella.

C El ***pez abisal.*** Vive tan abajo que necesita luz para ver algo.

56

¿Por qué en los polos los animales son ***blancos***?

55 Respuesta correcta: ***C.***
El pez abisal vive en las zonas más profundas, donde nunca llega la luz del sol. Al adaptarse a este entorno, ha desarrollado un ***apéndice*** con una especie de «bombilla» al final, que le sirve para ver en la oscuridad y para atraer a las presas.

56 Porque el color blanco los ayuda a ***camuflarse*** en la nieve, así pueden esconderse de sus depredadores o pasar desapercibidos y atacar a sus presas.

57

El pelícano tiene el pico tan ***grande*** para...

A Guardar peces dentro y luego meterlos en el ***congelador.***

B Guardar peces dentro y montar un ***acuario.***

C Guardar peces dentro y dárselos de comer a sus ***polluelos.***

58

Las púas del pez erizo le sirven para ***rascar*** a otros peces y limpiarlos de parásitos. ¿Verdadero o falso?

57 Respuesta correcta: ***C.***
En la parte inferior del pico el pelícano tiene una ***bolsa*** donde guarda los peces que ha pescado. Para alimentar a los polluelos, abre el pico y ellos comen lo que hay dentro de la bolsa.

58 Es ***falso.***
Cuando está en ***peligro,*** se hincha y su tamaño se multiplica por dos. La piel se tensa y las espinas que cubren su cuerpo se ponen en punta: ¡ningún depredador intenta comérselo!

59

¿Por qué parece que los ***pingüinos*** lleven esmoquin?

A Es un traje que se ponen cuando les hacen fotos o van a ***eventos.***

B No es que lo parezca, es que en ***realidad*** lo llevan.

C Este aspecto externo les sirve para ***camuflarse.***

60

El ***kiwi*** es un pájaro. ¿Verdadero o falso?

59 Respuesta correcta: ***C.***
El elegante aspecto de los pingüinos en realidad les sirve para ***camuflarse.*** Desde arriba, la espalda negra los disimula en el agua oscura del océano, y desde abajo el vientre blanco se confunde con la superficie iluminada por el sol.

60 Es ***verdadero.***
El kiwi es una fruta, pero también un ***pájaro*** que vive en Nueva Zelanda. Este pájaro no vuela, por eso tiene las alas muy pequeñas. Cuando se reproduce, en lugar de poner el huevo, lo incuba dentro de su vientre.

61

Las estrellas de mar comen ***microplásticos.*** ¿Verdadero o falso?

62

¿Cómo se ***distingue*** un caracol macho de uno hembra?

A No se distinguen, son todos ***iguales.***

B Las hembras tienen la concha más ***pequeña.***

C Las hembras tienen la concha más ***grande.***

61 Es ***falso.***
Comen ***moluscos,*** almejas, por ejemplo. De hecho, ninguna especie animal come microplásticos, que son porciones muy pequeñas de plástico, muy contaminantes, que han invadido mares y océanos. Si acaso, y sin querer, se los tragan.

62 Respuesta correcta: ***A.***
No se distinguen, porque son ***hermafroditas,*** lo que significa que pueden ser macho o hembra según les convenga. Cuando se reproducen, cada caracol hace de una cosa u otra durante el apareamiento.

63

Las abejas saben ***bailar.*** ¿Verdadero o falso?

64

¿El murciélago es un ***ave***?

A Sí, tiene un aspecto ***curioso*** pero es un ave.

B No, es un ***mamífero.***

C No se sabe, es tan ***rarito*** que no se ha averiguado.

63 Es ***verdadero.***
Cuando las abejas exploradoras regresan a la colmena, realizan una danza para ***comunicar*** dónde hay comida. Marcan la distancia según la fuerza con que baten las alas. La dirección la indican según la posición del sol.

64 Respuesta correcta: ***B.***
El murciélago es el único ***mamífero*** que vuela. Sus alas no tienen plumas, tienen una membrana flexible que une sus largos dedos de las extremidades delanteras.

65

A veces los gatos comen ***verdura.*** ¿Verdadero o falso?

66

Los gorilas se dan ***golpes*** en el pecho porque...

A Imitan lo que han visto en las ***películas.***

B Así indican a los demás quién es el que ***manda.***

C Forma parte de su ***ritual*** de apareamiento.

65 Es ***verdadero.***
Aunque los gatos no son herbívoros, como las vacas o las ovejas, comen hierba para ***limpiar su estómago*** de todos los pelos que se tragan: los de sus presas y los propios, ya que usan la lengua para limpiarse.

66 Respuesta correcta: ***B.***
Con estos golpes los gorilas indican a los demás cuál es el ***macho dominante.*** Con la palma de la mano se dan fuertes golpes y, si con eso no bastara, se tirarían encima de su rival emitiendo gruñidos.

67

¿Es verdad que en invierno vemos ***menos aves*** que en verano?

68

¿A las lagartijas les puede volver a crecer ***la cola***?

A No les vuelve a crecer, es un truco de ***magia.***

B Sí, cuando comen una ***hierba*** especial regeneradora.

C Sí, cuando un ***depredador*** se la corta.

67 Sí, porque en otoño muchas ***emigran*** a zonas cálidas, donde encuentran más comida. La golondrina, la cigüeña y el flamenco son ejemplos de estas aves viajeras.

68 Respuesta correcta: ***C.***
Cuando un depredador arranca la cola a una lagartija, pero logra huir, al cabo de un tiempo le vuelve a crecer. A veces incluso hace que se le caiga adrede, porque el depredador se entretiene con ella y la lagartija ***puede escapar.***

69

¿Quién trae al mundo las crías de los ***caballitos de mar***?

A La ***madre,*** como es normal.

B En esta especie es el ***padre.***

C El padre o la madre, depende de quien gane a ***piedra, papel o tijera.***

70

Existen unos pájaros que hacen de ***dentistas.*** ¿Verdadero o falso?

69 Respuesta correcta: ***B.***
Pues sí, su sistema de reproducción es curioso. La hembra pone ***los huevos*** y los introduce en el vientre del macho, y al cabo de diez días, los caballitos comienzan a salir del vientre de su padre.

70 Es ***verdadero.***
Al menos hacen limpiezas dentales a los cocodrilos. Un pequeño pájaro llamado pluvial entra en la boca del reptil y se come todos los restos que le han quedado entre los dientes. ¡Y sin pedir cita!

71

Las lechuzas ***vomitan*** bolas de pelo porque...

A Así eliminan ***restos*** que no han podido digerir.

B Hacen ***competiciones*** para ver quién las lanza más lejos.

C ¿Que lanzan bolas? ¿A quién se le ha ***ocurrido eso***?

72

Los ***salmones*** viven en el mar y en los ríos. ¿Verdadero o falso?

71 Respuesta correcta: ***A.***
Es una manera de deshacerse de las partes que ***no pueden digerir bien*** de las presas que se tragan enteras. Estas bolas, llamadas egagrópilas, contienen pelos, huesos, uñas y otros restos de animales.

72 Es ***verdadero.***
Los ***salmones*** tienen una vida complicada: nacen en un río, luego viajan al mar y, cuando son adultos, vuelven al lugar donde nacieron. Allí ponen los huevos y mueren.

73

La caca ***huele tan mal*** para que nadie se la coma por error. ¿Verdadero o falso?

74

Conviene ***masticar*** muy bien los alimentos porque así...

A Se facilita la ***digestión.***

B Hacemos menos ***caca.***

C Los ***dientes*** se mantienen sanos.

73 Es ***falso.***
Cuando los microbios que hay en el intestino atacan los alimentos ya digeridos, producen una ***sustancia apestosa*** que se elimina con la caca... y con los pedos.

74 Respuesta correcta: ***A.***
Hay que masticar bien la comida porque, cuanto más pequeños sean los trozos, más fácilmente ***se descompondrán*** en el estómago, y eso nos ayudará a hacer bien la digestión.

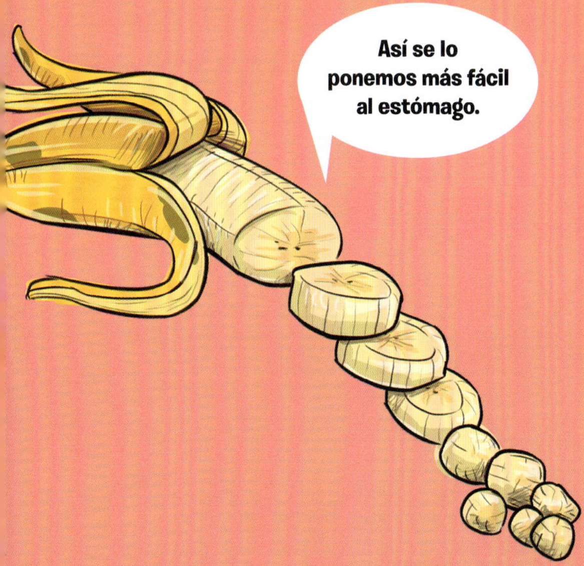

75 Los ***colibríes*** mueven las alas muy rápido para mantenerse inmóviles en el aire mientras toman néctar de las flores. ¿Verdadero o falso?

76 ¿Por qué se ríen las ***hienas***?

A Porque se cuentan ***chistes*** constantemente.

B Hacen ***ruidos*** que parecen risas, pero no ríen.

C Porque así ejercitan la ***musculatura*** de la cara.

75

Es ***verdadero.***
Si no lo hicieran así, no podrían alimentarse. Además, este tipo de vuelo tan rápido puede hacer que resulten ***invisibles*** ante los depredadores.

76

Respuesta correcta: ***B.***
Cuando ***se excitan,*** ya sea porque tienen miedo o porque están a punto de atacar, hacen un ruidito que parece una risa traviesa.

77 ¿Por qué los castores construyen ***presas***?

A Para tener ***piscinas*** donde bañarse sin incómodas corrientes.

B Para que sus ***madrigueras*** sean más seguras.

C Para que los ***salmones*** no puedan remontar los ríos.

Las ostras fabrican ***diamantes.*** ¿Verdadero o falso? **78**

77 Respuesta correcta: ***B.***
Con sus fuertes dientes, el castor corta troncos que luego amontona en el río para ***frenar la corriente.*** Así crea embalses donde construye sus madrigueras con la entrada sumergida, para que sean seguras.

78 Es ***falso.***
Las ostras fabrican ***perlas.*** Cuando se introduce un cuerpo extraño, como arena, las ostras la envuelven con capas de nácar. Al final, con tantas capas, se forma una perla.

79

¿Los peces ***cierran*** los ojos para dormir?

80

¿Entre los ***lobos*** existe una «baja por maternidad»?

A No, porque no ***trabajan.***

B No, porque son ***animales.***

C Sí, hay algo ***parecido.***

79 No. Los peces no pueden cerrar los ojos porque no tienen ***párpados*** y, por tanto, duermen con los ojos abiertos.

80 Respuesta correcta: ***C.***
Cuando una hembra tiene lobeznos, los amamanta ***durante un mes,*** y los otros miembros de la manada le llevan carne para que no tenga que salir ella a cazar.

81

Los peces ***no se hunden*** porque...

A Sus ***espinas*** y su carne pesan menos que el agua.

B Tienen un ***flotador.***

C Se pasan el día ***nadando*** para no hundirse.

82

Hay ***peces*** que vuelan. ¿Verdadero o falso?

81 Respuesta correcta: ***B.***
Los peces tienen un órgano, la ***vejiga natatoria,*** que se llena de aire como un flotador. Si se cansan de nadar, pueden detenerse sin ningún problema.

82 Es ***verdadero.***
El pez volador puede dar grandes saltos y planear gracias a sus aletas. ¡Es capaz desplazarse por el aire unos ***150 metros*** desde el punto en que ha saltado!

83 ¿Hay unas abejas que se pasan el día ***haciendo el vago***?

84 ¿Por qué los calamares, las sepias y los pulpos lanzan ***tinta negra***?

A Para gastar ***bromas*** a otros animales.

B Para mandar ***mensajes.***

C Para ***despistar*** a otros animales.

85 ¿Los ***seres humanos*** también somos animales?

83 Sí. Dentro de la colmena hay diferentes abejas: la reina, las obreras y exploradoras, y los ***zánganos.*** Estos no tienen más misión que aparearse con la reina y luego mueren.

84 Respuesta correcta: ***C.***
Al lanzar tinta, ***despistan*** y confunden a los depredadores y así ganan tiempo para salir pitando.

85 Los humanos somos una ***especie*** más, parecida en muchas cosas a otras especies animales (boca, ojos, orejas, extremidades), pero diferentes por nuestra evolución cultural.

86 ¿Sabemos que los ***dinosaurios*** existieron gracias a los fósiles? ¿O a los textos prehistóricos que los citaban?

87 La palabra «dinosaurio» ***significa...***

A Lagarto de la ***montaña.***

B Lagarto ***terrible.***

88 Los dinosaurios ***comían humanos.*** ¿Verdadero o falso?

86 Gracias a los ***fósiles.*** Si un animal moría y quedaba enterrado, los huesos se recubrían de minerales y se convertían en roca. En la prehistoria, ni había escritura ni se conocían los dinosaurios.

87 Respuesta correcta: ***B.***
Este nombre tan feroz lo puso un investigador inglés en 1842, al estudiar unos huesos que parecían de un ***lagarto,*** pero que eran mucho más grandes.

88 Es ***falso.***
Es ***imposible,*** porque estos animales no coincidieron en el tiempo con los seres humanos. ¡Les separan 65 millones de años!

89

Y los humanos, ¿comían ***mamuts***?

A Solo si conseguían ***cazarlos.***

B No, la carne del mamut era demasiado ***dura.***

90

Godzilla es un dinosaurio. ¿Verdadero o falso?

91

El ***animal volador*** más grande que ha existido era un dinosaurio. ¿Verdadero o falso?

89 Respuesta correcta: ***A.***
Los humanos prehistóricos cazaban ***mamuts,*** una especie de elefantes grandes que se extinguieron hace 4000 años. Lo aprovechaban todo: carne, piel, huesos y colmillos.

90 Es ***falso.***
Godzilla es un monstruo de ***ficción*** de origen japonés que tiene una fuerza increíble y puede lanzar un rayo mortal por la boca.

91 Es ***falso.***
Era un ***reptil*** denominado Quetzalcoatlus. No era un dinosaurio, pero vivió en su época. Se cree que con las alas abiertas podía medir 12 metros y que pesaba 65 kilos.

92

¿Cuál de estos animales ***no existió*** realmente?

A El ***tigre*** dientes de sable.

B El dinosaurio robagallinas, o ***Gallineraptor.***

93

Al salir del cascarón, las ***crías de dinosaurio*** tenían plumitas. ¿Verdadero o falso?

94

¿Existió un dinosaurio que hacía sonidos como los de un ***instrumento musical***?

92 Respuesta correcta: ***B.***
Los ***felinos*** dotados de dientes muy largos, como el tigre dientes de sable, existieron desde hace algunos millones de años hasta hace 10 000 años.

93 Es ***verdadero.***
Los dinosaurios recién nacidos no tenían el cuerpo cubierto de escamas, sino de un ***suave plumón*** que los protegía del frío.

94 Sí. El *Parasaurolophus*, un dinosaurio con una larga ***cresta*** en el cráneo, vacía en su interior, que seguramente permitía producir sonidos como los de un trombón.

95

Había **dinosaurios** hace...

A ***10 000*** años.

B ***500 000*** años.

C ***100*** millones de años.

96

Uno de los dinosaurios más populares es el ***tiranosaurio...***

A ***Dex.***

B ***Rex.***

C ***Trex.***

97

¿Hay ***películas*** dedicadas a los dinosaurios?

Preparados, que filmamos. ¡Y acción!

95 Respuesta correcta: ***C.***
Los dinosaurios se originaron hace unos ***240 millones*** de años y se extinguieron hace 65 millones.

96 Respuesta correcta: ***B.***
El ***tiranosaurio rex*** pesaba 7000 kilos, era carnívoro y podía morder 8 veces más fuerte que un león.

97 Sí. La más famosa es ***Parque Jurásico,*** de 1993, dirigida por el estadounidense Steven Spielberg.

Los ***colmillos*** de los mamuts les servían para...

98

- A Buscar ***alimento.***
- B Asustar a los ***depredadores.***
- C Arar la ***tierra.***

Los ***diplodocus*** podían pesar...

99

- A ***900*** kg, como un coche.
- B ***20 000*** kg, como un autobús.
- C ***100 000*** kg, como un tren.

Los dinosaurios se extinguieron porque cayó un ***meteorito.*** ¿Verdadero o falso?

100

98 Respuestas correctas: ***A*** y ***B.***
Con los colmillos, los mamuts parecían aún más grandes y más ***amenazadores.*** Además, con ellos buscaban plantas entre la nieve.

99 Respuesta correcta: ***C.***
Podían llegar a pesar ***100 000 kilos,*** es decir, 100 toneladas.

100 Es ***verdadero.***
Según la teoría más extendida, hace 65 millones de años cayó un meteorito enorme que provocó cambios en el clima de la Tierra y los dinosaurios no pudieron ***adaptarse.***